Jörg Zink
Psalmen und Gebete der Bibel

Jörg Zink

Psalmen und Gebete der Bibel

Kreuz Verlag

Neu gestaltete Ausgabe des 1988 erschienenen Titels
Stern über dunklem Land.
Psalmen und Gebete der Bibel
ausgewählt und übertragen von Jörg Zink.

CIP-Titelaufnahme der Deutschen Bibliothek

Psalmen und Gebete der Bibel / Jörg Zink. – 1. Aufl. –
Stuttgart : Kreuz-Verl., 1991
Einheitssacht.: Psalmi < dt. >
ISBN 3-7831-1077-7
NE: Zink, Jörg [Hrsg.]

1. Auflage (1.–10. Tausend)

Gestaltung: Hans Hug
Satz: Typobauer Filmsatz GmbH, Ostfildern
Druck und buchbinderische Verarbeitung:
Clausen & Bosse, Leck

ISBN 3 7831 1077 7

Inhalt

Dich, mein Gott, rühme ich

Ich preise die Liebe

Spräche ich in allen Sprachen der Menschen,
sänge ich mit den Stimmen der Engel
und liebte nicht,
ich wäre nichts als eine tönende Glocke
oder eine klingende Schelle.

Wüßte ich Gottes Gedanken,
schaute ich alle Geheimnisse,
hätte ich alle Einsicht,

versetzte ich Berge
in der Kraft meines Glaubens
und liebte nicht,
so wäre ich nichts.

Gäbe ich alle meine Habe den Armen,
gäbe ich für Christus mein Leben hin
und liebte nicht,
es wäre vertan.

Die Liebe ist geduldig und freundlich,
sie kennt keine Eifersucht,
sie stellt sich nicht zur Schau.

Sie verletzt nicht. Sie greift nicht an.
Sie sucht keinen Gewinn.

Sie wird nicht bitter
durch bittere Erfahrung,
sie rechnet das Böse nicht zu.

Sie trauert über das Unrecht
und ist glücklich über die Wahrheit.

Die Liebe trägt alles.
Sie glaubt alles.
Sie hofft alles.

Sie beugt sich der Last
und bleibt geduldig gebeugt.

Unvergänglich ist die Liebe.
Unser Wissen um Gott wird verwehen,
was wir reden, wird verhallen,
was wir forschen und denken, zu Ende gehen.

Stückwerk ist, was wir wissen,
Stückwerk, was wir erkennen.
Wenn wir die Fülle schauen werden,
wird das Stückwerk enden.

Einst war ich ein Kind.
Ich sprach wie ein Kind,
ich war klug wie ein Kind,
ich träumte kindliche Träume.
Als ich erwachsen war,
legte ich die Kindheit ab.

Heute ahne ich die Wahrheit
wie mein eigenes Gesicht
im kupfernen Spiegel,
fremd, verschattet und rätselvoll.
Morgen schaue ich, nahe und klar,
sein Angesicht.

Stückwerk ist, was ich verstehe.
Dann aber werde ich schauen,
wie Gott mich heute erkennt.

Nun aber bleiben
Glaube, Hoffnung, Liebe,
diese drei.

Aber die größte unter ihnen
ist die Liebe.

Ehre sei dir, Christus. Amen.

Unendlich reich sind die Werke Gottes

Ich will dich rühmen, mein Gott!
Wie bist du so groß!

Schönheit und Glanz sind dein Kleid.
Licht hüllt dich ein wie ein Schleier.

Du breitest den Himmel aus wie ein Zelt
und bist uns nahe in allen Räumen des Alls.

Wolken sind deine Wagen,
auf Flügeln des Windes fährst du dahin.

Fest ist die Erde, auf der wir stehen.
Du hast sie gegründet.

Du läßt Quellen rinnen
zwischen den Bergen.

Die tränken die Tiere auf dem Feld.
An den Ufern wohnen die Vögel
und singen unter den Zweigen.

Du tränkst die Berge mit deinen Wassern.
Aus deinen Wolken wird die Erde satt.

Du läßt Gras sprießen für die Tiere
und Saatgrün unter der Hand des Menschen.

Brot bringst du aus der Erde hervor
und Wein, der unser Herz froh macht.

Du hast den Mond gemacht,
der uns das Jahr teilt,

und die Sonne, die ihren Weg kennt
bis zum Niedergang.

Du schaffst die Dunkelheit.
In der Nacht regen sich die Tiere des Waldes.

Die jungen Löwen brüllen nach Nahrung
und fordern ihre Speise von dir.

Wenn die Sonne aufstrahlt,
kehren sie um und ruhen in ihren Höhlen.

Dann tritt der Mensch heraus an sein Werk
und tut seine Arbeit bis zum Abend.

Herr, unendlich reich sind deine Werke.
In Weisheit hast du sie alle geschaffen,
und die Erde ist deiner Schöpfungen voll.

Alles Preises würdig ist Gott.
Ich will ihm singen mein Leben lang.

Ich will ihm spielen, solange ich bin,
mir zur Freude und ihm zum Ruhm.

Ehre sei dem Vater und dem Sohn
und dem heiligen Geiste,

wie es war im Anfang, jetzt und immerdar
und von Ewigkeit zu Ewigkeit. Amen.

Singt mit, alle Stimmen

Alles, was ist, rühme ihn,
unseren Gott.

Stimmt ein, singt mit,
ihr, die oben sind, in der Höhe!

Singt mit, ihr Engel,
das Heer seiner himmlischen Diener.

Singt mit, Sonne und Mond,
singt mit, ihr leuchtenden Sterne!

Singt mit, ihr Welten,
ihr unendlichen Räume im All!

Denn Gottes Werk seid ihr,
geschaffen von seiner Hand.

Stimmt ein, singt mit
hier auf der Erde.

Singt mit in der Tiefe des Meeres
und an den Wolken des Himmels.

Singt mit, Gewitter und Hagel,
singt mit, Schnee und Nebel.

Sing mit, du Sturmwind,
der sein Wort ausrichtet.

Singt mit, ihr Berge und Hügel,
ihr Fruchtbäume, ihr Zedern,

ihr Feldtiere, ihr Tiere im Haus,
ihr Tiere der Erde, ihr Vögel am Himmel.

Stimmt ein, singt mit, ihr Völker,
ihr Könige, ihr Richter der Erde.

Singt mit, Frau und Mann,
Greis und Kind.

Rühmt ihn, euren Gott,
denn er allein ist würdig des Ruhms.

Seine Hoheit waltet,
so weit Himmel und Erde sind.

Singt ihm mit all euren Stimmen,
ihr, seine Kinder, sein Volk!

In deinem Licht sehen wir das Licht

Gott, deine Güte reicht,
so weit der Himmel ist,

und deine Wahrheit,
so weit die Wolken gehen.

Wie die Berge feststehen über den Tälern,
steht deine Gerechtigkeit fest über der Welt.

Wie das Meer unendlich sich breitet,
so ohne Grenzen ist deine Macht.

Wie kostbar ist deine Güte, o Gott.
Bei dir finden wir Menschenkinder Schutz.

Wir werden satt von den reichen Gütern,
die die Erde darreicht,

und du tränkst uns mit Wonne
wie mit einem Strom.

Denn bei dir ist die Quelle des Lebens,
und in deinem Lichte sehen wir das Licht.

Wenig niedriger als Gott

Gott, unser Herrscher, wie herrlich,
daß wir in deinen Händen wissen
Himmel und Erde.

Wenn Kinder dich anrufen,
ja wenn eben Geborene schreien,
rühmen wir deine Weisheit,
die höher ist als die Macht der Mächtigen.

Wenn wir den Himmel sehen,
das Werk deiner Finger,
den Mond und die Sterne,
die du gestaltet hast –

was sind wir Menschen,
daß du unser gedenkst,
was sind unsere Kinder,
daß du sie liebhast?

Du hast uns fast die Würde
himmlischer Wesen gegeben,
mit Schönheit und Adel hast du uns gekrönt.

Du gabst uns den Auftrag,
Hüter zu sein über all deine Werke.
Alles legtest du uns zu Füßen.

Schafe, Rinder, Tiere des Feldes,
die Vögel unter dem Himmel
und die Fische im Meer
und was immer im Meer sich regt.

Gott, unser Herrscher, wie herrlich,
daß wir in deinen Händen wissen
Himmel und Erde.

Heger der Schöpfung

Wir heutigen Menschen könnten den alten Hymnus mit unseren Worten etwa so nachsprechen:

Gott, du Schöpfer und Gestalter der Welt,
wie herrlich, daß du es bist,
der sie in Händen hat.

Herr, du Christus,
wie gut, daß wir in dir sehen
das Angesicht unseres Gottes.

Gott, du schöpferischer Geist, wie wunderbar,
daß wir in deiner Kraft mitwirken sollen,
deine Welt zu bewahren.

In einem Kind bist du uns begegnet,
aus seinem Mund kamen Weisung und Heil.
Deine Kinder sind es, um die wir uns ängsten.

Wenn ich den Himmel sehe,
deiner Finger Werk,
den Mond und die Sterne,
die du bereitet hast –

was sind wir Menschen,
daß du unser gedenkst,
und unsere Kinder,
daß du dich ihrer annimmst?

Du hast uns befähigt,
deine Gedanken zu denken,
Schöpfer zu sein mit dir.

Mach uns nun zu Schützern
deiner herrlichen Erde,
zu Hegern der Kreatur.

Du gabst uns die Weisung,
die Erde zu besitzen,
und sagtest: Selig die Sanften!
Ihrer ist die Erde.

Ihrer, die Gott schauen,
ist das Reich.

Mach uns zu deinen Helfern
und hilf durch uns deinen Kindern
in aller Kreatur.

Gott, du Schöpfer,
wie herrlich zeigst du dich überall!
Zeige dich herrlich
auch an uns.

Im Anfang war das Wort (I)

Im Anfang war das Wort,
das Wort war bei Gott,
und Gott war das Wort.

Was jemals entstand,
wurde durch das Wort,
das Gott sprach.

Was jemals entstand,
wurde durch seine lebendige Kraft.

Sein Leben war das Licht,
das uns Menschen leuchtet.

Das Licht scheint in der Finsternis,
und die Finsternis
konnte es nicht löschen.

Es war das wahrhaftige Licht,
das jedem Menschen leuchtet,
der in die Welt kommt.

Er war in der Welt,
die Welt ist durch ihn gemacht,
und die Welt erkannte ihn nicht.

Er kam in sein Eigentum,
und die Seinen nahmen ihn nicht auf.

Die ihn aber aufnahmen,
denen gab er die Gnade,
Gottes Kinder zu sein,

nicht aus menschlichem Willen,
sondern aus seiner Kraft.

Und das Wort wurde ein Mensch
und wohnte unter uns.

Wir sahen die Herrlichkeit,
die der Sohn hat vom Vater,
voller Gnade und Wahrheit.

Und aus seiner Fülle
haben wir alle empfangen
Gnade um Gnade.

Niemand hat Gott je gesehen.
Der Sohn, der von Gott kam,
hat uns Kunde gebracht.

Im Anfang war das Wort (II)

Wir können diesen großen Hymnus heute aus unseren eigenen Gedanken und Erfahrungen neu formulieren:

Im Anfang war das Wort.

Das Wort war bei Gott,
und Gott war das Wort.

Nicht Zufall, nicht blinde Kraft
brachten die Welt hervor.

Im Anfang war Gottes Geist.
Denkend. Gestaltend. Liebend.

Im Anfang schuf Gottes Geist
Himmel und Erde.

Gott sprach: Es werde Licht!
Und es ward Licht.

Gottes Geist wurde sichtbar
an Himmel und Erde.

Gottes Geist wurde faßbar
in der Welt und ihrer Ordnung.

Gottes Geist nahm Gestalt an,
und die Welt wurde schön.

Am Anfang war schaffende Kraft.
Am Anfang war gestaltender Wille,

am Anfang war klarer,
lichtvoller Geist,

und es wurde eine Welt
voll schaffender Kräfte,

voll gestaltender Energien,
voll klarer, sinnvoller Ordnungen.

Aber das Wort
war nicht nur am Anfang.

Es ist noch immer die schaffende Kraft,
das heimliche Wesen der Dinge.

Im Wort, das du sprichst, Gott,
ist das Leben,

und das Leben ist das Licht,
in dem wir stehen.

Er, Christus, ist das Licht,
das uns allen leuchtet.

Er war in der Welt,
die Welt ist durch ihn gemacht.

Er kam in sein Eigentum,
und die Seinen nahmen ihn nicht auf.

Die ihn aber aufnahmen,
die machte er zu seinen Kindern,

nicht aus menschlichem Willen wurden sie es,
sondern aus seiner Kraft.

Das Wort wurde ein Mensch
und wohnte unter uns,

und wir sahen die Herrlichkeit,
die der Sohn hat vom Vater,
voller Gnade und Wahrheit.

Und aus seiner Fülle
haben wir alle empfangen
Gnade um Gnade.

Niemand hat Gott je gesehen.
Er allein, der von Gott kam,
Christus, hat uns Kunde gebracht.

Im Anfang unseres eigenen Lebens
war das Wort,
schaffender Geist aus Gott.

Auch wir selbst kommen
aus seiner schaffenden Kraft,
aus seiner gestaltenden Kunst.

Die leise Stimme Gottes
begleitet uns über die Erde.
Uns aber ist gegeben, zu antworten
mit Leib und Seele.

Gottes Geist spricht nun in uns,
und wir hören seine Sprache
in unserem Wort.

Gottes Geist gibt uns Ohr und Stimme,
und neue Schöpfung geschieht,
neuer Anfang aus dem Wort.

Denn aus seiner Fülle
haben wir alle empfangen
Gnade um Gnade.

Im Anfang aber liegt das Ziel,
Vollendung erwartet die Schöpfung.

Im Anfang war das Wort.
Am Ende wird das Wort sein.

Das Wort kehrt zurück zu Gott,
und Gott ist aufs neue das Wort.

Alle Dinge sind durch ihn vollendet;
was jemals war, geht ein in das Wort.

In ihm ist die lebendige Kraft,
und das Leben ist das Licht aller Wesen.

Der Christus aber, der in die Welt kam,
führt sie zum Ziel.

Er wird am Ende das Wort sein,
das Gott ihr zuspricht.

Am Ende ist das Wort,
und alle Dinge sind vollendet in ihm.

Der Lobgesang des Zacharias

Ich preise Gott,
denn er ist uns nahe
und macht uns frei.

Ihm dienen wir
ohne Furcht unser Leben lang
heilig und gerecht.

Du, Kind, wirst ihn verkündigen.
Du wirst dem Christus vorangehen,
seinen Weg zu bereiten.

Du wirst seinem Volk zeigen,
wie ihm Heil widerfahren wird,
Befreiung aus seiner Schuld.

Denn die herzliche Barmherzigkeit
unseres Gottes wird uns begegnen,
Licht aus der Höhe wird uns besuchen;

denen wird es erscheinen,
die in Finsternis sitzen
und im Schatten des Todes.

Er wird unsere Füße leiten
auf den Weg des Friedens.
Friede wird über unseren Schritten sein.

Dank dir von Herzen

Unsere Kraft ist in dir

Schön und köstlich ist es, dir zu danken,
dich mit Liedern zu preisen, du Höchster.

Des Morgens deine Gnade zu rühmen
und des Nachts deine Wahrheit

auf dem Psalter von zehn Saiten,
mit Spielen auf der Harfe.

Du machst mich fröhlich durch dein Walten,
und ich rühme, was du an mir tust.

Wie geheimnisreich ist dein Wirken,
wie tief sind deine Gedanken!

Wir sind alle zu töricht vor dir,
und wir Narren verstehen dich nicht.

Wie Gras grünen wir ohne dich,
wir blühen wie die Blumen,

unser Ende aber ist Dürre
und ewiger Tod.

Wer in dir lebt, grünt wie ein Palmbaum.
Er wächst wie eine Zeder auf dem Libanon.

Wenn wir vor dir stehen,
eingepflanzt in deine Gegenwart,

grünen wir wie die Bäume,
die vor deinem Tempel stehen.

Noch im Alter tragen wir Frucht,
bleiben kräftig und frisch.

Wir künden von deiner Güte
und deiner Verläßlichkeit.

Du bist der Grund, auf dem wir stehen,
du bist die Erde, in der wir wurzeln.

Schön und köstlich ist es,
dir zu danken,
mein Gott!

Ein Lied zum Einzug in das Haus Gottes

Preiset mit uns Gott,
dient ihm mit fröhlichem Herzen,
kommt, sein Fest zu feiern!

Denn er ist gegenwärtig,
über uns, um uns, in uns,
allein würdig der Anbetung.

Er hat uns gemacht
und nicht wir selbst
zu Kindern seines Hauses.

Wir ziehen durch seine Tore ein
und bringen unsere Dankbarkeit,
ihm, der so nahe ist.

Wir stehen vor ihm
in seiner Gegenwart
und singen sein Lob.

Denn er ist freundlich.
Ewig währt seine Güte
und seine Wahrheit alle Zeit.

Ihm danken – ein Fest

Gut ist es, Gott zu preisen,
schön, ihm zu singen, zu spielen,
ihm zu danken ein Fest.

Denn er ist hoch über aller Welt.
Er hat die Zahl der Sterne bestimmt
und ruft sie alle mit Namen.

Groß ist er und reich an Kraft,
unergründlich ist seine Weisheit,
seine Nähe wunderbar.

Er heilt die zerrissenen Herzen
und ihre Leiden
und hilft den Gebeugten auf.

Darum danken wir ihm
mit unseren Liedern
und spielen auf Instrumenten.

Er bedeckt den Himmel mit Wolken
und schenkt der Erde den Regen.
Gras wächst auf den Bergen.

Er gibt den Tieren Nahrung,
den jungen Raben,
die nach ihm rufen.

Er hat kein Wohlgefallen
an Menschen, die stolz einherschreiten,
die wie Kriegsrosse sich gebärden.

Ihm sind die nahe,
die sich ihm auftun,
seine Güte zu empfangen.

Geheimnis des Brots

Dich, o Gott, rühmen wir
in der Stille deines Hauses.

Du hörst, wenn wir zu dir reden,
darum kommen wir zu dir.

Glücklich, dem du nahe bist,
der sich dir nahen darf,

dein heiliges Mahl zu empfangen
vor deinem Altar.

Denn du machst fröhlich alle Kreatur
gegen Morgen und gegen Abend.

Du besuchst das Land,
du segnest es mit Regen.

Reich machst du die Erde,
von Wasser überfließend die Bäche.

Reich machst du die Erde
und bereitest das Korn, dein Brot.

Du krönst das Jahr mit deiner Gabe.
Wo immer du gingst, ist Fülle.

Die Auen in der Wüste freuen sich,
die Hügel in der Runde danken dir.

Die Weiden kleiden sich mit Herden
wie mit einem Gewand,

die Täler hüllen sich in Korn
wie in ein Kleid.

Sie jubeln einander zu,
ja sie singen dir, Gott.

Lied eines Propheten

Der Geist Gottes ruht auf mir.
Einen Auftrag hat mir Gott gegeben,
eine Botschaft: Freude den Leidenden.

Er hat mich gesandt,
wunde Herzen zu verbinden,
Gefangenen die Freiheit anzusagen,
Gefesselten die Erlösung,

und zu rufen:
Jetzt ist die Stunde, da Gott hilft.

Die Trauernden soll ich trösten,
die in Trauerkleidern gehen,
in Festgewänder hüllen.

Den Schwermütigen,
die stumm sind in ihrem Leid,
soll ich ein Lied singen:
Lobgesang und Dank.

Ich freue mich an Gott,
denn er hat mich festlich gekleidet.
Er hat gesagt: Es ist gut
zwischen dir und mir.

Wie einen Bräutigam
schmückte er mich mit einer Krone,
wie eine Braut
mit dem Brautschmuck.

Wie die Erde die Saat bringt,
wie ein Garten seine Frucht,
so wächst in uns allen
und in allen Völkern sein Heil.

Wandern im weiten Raum

Aus den Lobgesängen der Gemeinde von Qumran, entstanden im letzten Jahrhundert vor Christus: Die Gebete sind noch der Zeit des Alten Testaments zuzurechnen.

Ich preise dich, Herr!

Du hast mich aus dem Tode gerettet,
aus dem Abgrund des Totenreiches.

Du hast mich emporgeführt
zur Höhe der Ewigkeit,

in weitem Raum wandere ich,
ohne Grenze.

Du hast mir Hoffnung gegeben,
mir, den du aus Staub gebildet.

Du willst,
daß ich auf ewig bei dir sei.

Den verderbten Geist hast du gereinigt
von großer Missetat,

damit ich meinen Platz finde
unter den Deinen.

Daß ich dich preise in meinem Lobgesang
und deine Wunder verkünde allen Geschöpfen.

Ich preise dich, Herr,

denn du hast mich weise gemacht
durch deine Wahrheit.

Tiefe Geheimnisse hast du mir aufgetan
in deiner wunderbaren Liebe,

in deinem reichen Erbarmen
mit einem verwirrten Herzen.

Wer unter den Himmlischen
ist wie du, o Gott?

Wer gleicht dir,
der du die Wahrheit bist?

Wer ist gerecht vor dir,
wenn du ihn richtest?

Was ist der Mensch? Erde ist er.
Zum Staube kehrt er zurück.

Aber du gibst ihm Einsicht
in deine Wunder.

Du gibst ihm Kunde
von deinem wahren Willen.

Staub bin ich und Asche.
Was kann ich denken,
wenn du es nicht gibst?

Was kann ich planen
ohne deinen Willen?

Wozu kann ich mich entschließen,
wenn du mir nicht die Kraft gibst?

Wie kann ich etwas verstehen,
wenn du es mir nicht bestimmt hast?

Wie kann ich reden,
wenn du nicht meinen Mund öffnest?

Wie soll ich erwidern,
wenn du mich nicht lehrst?

Wahr ist, du bist der Fürst der Götter,
der König aller Wesen in der Welt des Geistes,

der Herr aller Geister
und Herrscher über alle Geschöpfe.

Nichts geschieht ohne dich.
Nichts wird erkannt ohne deinen Willen.

Niemand ist neben dir.
Nichts ist das Licht gegen deinen Glanz.

Wer unter den wunderbaren Wesen,
die du geschaffen,
kann bestehen vor deiner Herrlichkeit?

Gepriesen seist du, mein Gott,
du Gott des Erbarmens!

Der Lobgesang der Maria

Meine Seele erhebt den Herrn,
und mein Geist freut sich Gottes,
der mein Heil ist.

Denn erhoben hat mich mein Gott
aus meiner Niedrigkeit.

Von nun an werden mich seligpreisen
alle Kindeskinder.

Denn er hat Großes an mir getan,
der mächtige, der heilige Gott.

Barmherzig waltet er über uns
von Generation zu Generation,

freundlich begegnet er denen,
die ihn fürchten.

Die aber sich selbst für Gott halten,
zerstreut er wie Sand.

Er stößt die Mächtigen vom Thron
und erhebt die Niedrigen.

Die Hungrigen sättigt er mit Fülle,
die Reichen stehen mit leeren Händen.

Er nimmt sich unser an
und gewährt uns seine Güte.

Unseren Vätern hat er Heil versprochen,
und in Ewigkeit gilt es uns allen,

die er sich erwählt hat,
seinen Kindern.

Wo immer ich bin, bist du

Ich bin in dir

Herr, du erforschest mich und kennst mich.
Ich sitze oder stehe auf, so weißt du es,
du verstehst meine Gedanken von ferne.

Ich gehe oder liege, so bist du um mich
und siehst alle meine Wege.
Ja es ist kein Wort auf meiner Zunge,
das du, Gott, nicht wüßtest.

Von allen Seiten umgibst du mich
und hältst deine Hand über mir.
Das ist zu wunderbar, zu unbegreiflich,
zu hoch für meine Gedanken.

Wohin soll ich gehen vor deinem Geist?
Wohin fliehen vor deinem Angesicht?
Steige ich zum Himmel, so bist du da,
verberge ich mich im Tode,
so bist du auch dort.

Nehme ich Flügel der Morgenröte
und bleibe am äußersten Meer,
so wird deine Hand mich finden
und deine Rechte mich fassen.

Spreche ich: Dunkel möge mich decken
und Nacht statt Licht um mich sein!
So ist auch Finsternis nicht finster für dich,
und die Nacht leuchtet wie der Tag.

Denn du hast mich bereitet,
meinen Leib und meine Seele,

du hast mich so fein gewoben
im Leib meiner Mutter.

Ich danke dir, daß ich so wunderbar gemacht bin.
Wunderbar sind deine Werke,
meine Seele versteht das wohl.

Du warst mir schon nahe,
du sahst mich schon fertig vor dir,
als ich, den Augen der Menschen verborgen,
gebildet wurde und meine Gestalt fand.

Du sahst alle meine Tage und Jahre,
in deinem Buch standen sie alle,
alle meine Tage hast du aufgeschrieben,
als noch keiner begonnen hatte.

Deine Gedanken sind so schwer und groß,
o Gott, wie gewaltig ist ihre Zahl!
Wollte ich sie zählen, so wäre es,
als zählte ich die Sandkörner am Meer.

Und schliefe ich darüber ein,
so zählte ich weiter im Traum
und merkte erwachend, daß ich weiterzählte
und an kein Ziel kam.

Erforsche mich, Gott, und erkenne mein Herz,
auch, was mir selbst in mir verborgen ist,
damit ich nicht, ohne es zu wissen,
auf dem Wege des Unheils bin.

Leite mich, daß ich mein Ziel finde,
jetzt und in Ewigkeit.

Ich bin in dir

Derselbe Psalm, mit anderen Worten nachgesprochen:

Mein Gott, du siehst in mein Herz.
Du kennst mich.
Wie schön, daß du mir nahe bist
und ich geborgen bin bei dir.

Du siehst meine Sorge und Angst.
Du siehst alle meine Fluchtwege,
du hörst alle meine Ausflüchte,
mit denen ich verbergen will, was ist.

Du siehst mich, wenn ich träume
von großen Dingen, die ich tun will,
und wenn ich versage dort,
wo ich das Notwendige tun soll.

Keinen Schritt kann ich tun,
den du nicht begleitest.
Kein Wort kann ich reden,
das du nicht hörst, ehe es laut wird.

Wie in zwei großen Händen
hältst du mich.
Ich bin darin geborgen
wie ein Vogel im Nest.

Und manchmal fürchte ich,
ich sei dein Gefangener
wie ein Vogel im Käfig.

Manchmal, o Gott, ist mir bange
vor deiner Hand, die mich hält;
ich möchte ihr gerne entrinnen
und frei sein.

Ich wünsche mir,
ans Ende der Erde zu fliegen
oder in die Weite des Raums,
und bleibe doch in deinen großen Händen.

Ich zweifle, daß mein Leben Sinn hat,
und möchte es von mir werfen;
aber auch bei den Toten bist du,
und wieder bin ich in deiner Hand.

Ich fürchte das Licht
und verberge, was ich tat.
Aber das Dunkel ist Licht für dich
und die Nacht hell wie der Tag.

Mein Gott, du siehst in mein Herz.
Du kennst mich.
Wie gut, daß du mir nah bist
und ich geborgen bin bei dir.

Wozu sorge ich?

Gott ist mein Hirte,
mir wird nichts mangeln.
Er weidet mich auf einer grünen Aue
und führt mich zum frischen Wasser.

Er erquickt meine Seele.
Mein Weg ist ohne Gefahr,
denn er selbst ist es,
der mich leitet.

Und wanderte ich im finstern Tal,
so fürchte ich kein Unglück,
denn du bist bei mir.
Du gibst mir Frieden.

Du deckst meinen Tisch
in deinem Haus,
in das kein Feind mir folgt,
keine Schuld und kein Fluch.

Du machst meine Seele rein
und schmückst mich festlich.
Der Becher, den ich trinke,
fließt über von erfrischendem Trank.

Mit Güte und Freundlichkeit
umgibt mich Gott, solange ich lebe,
und ich habe Wohnrecht in seinem Haus
jetzt und in Ewigkeit.

Wozu sorge ich?

Versuch einer Wiedergabe dieses Psalms mit anderen Worten:

Bei Gott bin ich geborgen –
wozu sorge ich mich?

Er gibt mir Nahrung für Geist und Herz,
wenn sonst niemand meinen Hunger stillt,
wenn mir zwischen den Fingern zerrinnt,
womit Menschen mich abspeisen.

Er gibt das Wasser, das den Durst stillt,
den Durst nach dem wirklichen Leben.
Wohin immer er mich führt,
gibt er Lebensfülle und Kraft.

Er gibt mir sicheren Schritt,
er zeigt mir meinen Weg,
und der Weg wird mich zum Leben führen,
so gewiß es Gott ist, der mich führt.

Und wenn die Lichter verlöschen,
wenn es dunkel wird,
wenn ich einsam bin oder krank,
wenn ich den Tod fürchte,

wenn ich schuldig bin vor dir, Gott,
und deine Hand nicht finde,
fürchte ich doch nicht, dich zu verlieren,
denn du bist bei mir.

Dein großes Zeichen, dein Kreuz,
tröstet mich, das Zeichen,
daß du bei mir bleibst in der Nacht
und ich trotz aller Not dein bin.

Du bereitest mir den Tisch.
Du sagst: Nimm hin und iß!
Du reichst mir den Becher und sagst:
Nimm hin und trink!

Ich bin ein Gast in deinem Haus,
mehr noch: dein Freund und dein Kind.
Die Tür ist offen, solange ich lebe,
und sterbend finde ich dein Haus bereit.

Glück gibst du und Frieden.
Was soll ich dir geben?
Nicht anders kann ich dir danken,
als daß ich nehme, was du gibst.

Deine Hand hält mich

Mein Gott, dich suche ich.
Meine Seele verlangt nach dir.

Ich dürste nach dir
wie trockenes Land nach dem Regen.

Ich schaue nach dir,
deine Nähe zu erfahren.

Denn deine Güte allein
gibt meinem Leben Sinn.

So will ich dich rühmen mein Leben lang
und meine Hände ausstrecken

nach dir, der so nahe ist,
und dich mit ganzem Herzen preisen.

Wenn ich mich zu Bette lege,
so denke ich an dich.

Wenn ich wach liege,
sinne ich deinem Geheimnis nach.

Denn du bist mein Helfer,
in deinem Schutz bin ich glücklich.

Meine Seele hängt an dir,
und deine Hand ist mein Halt.

Ich ruhe in dir

Mein Herz, o Gott,
will nicht Ansehen, nicht Macht.

Ich schaue nicht nach Ruhm aus
und nicht nach Reichtum.

Ich gehe nicht mit großen Plänen um
und nicht mit Träumen über große Dinge.

Sie sind zu wunderbar für meinen Geist.
Ich taste dein Geheimnis nicht an.

Mein Herz ist still,
und Frieden ist in meiner Seele.

Wie ein gestilltes Kind bin ich,
das bei seiner Mutter schläft.

Wie ein gesättigtes Kind,
so ist meine Seele still in mir.

Ich vertraue allein dir,
heute und in Ewigkeit.

Alles besteht in dir

Dir, Vater, sage ich Dank.
Du hast mich zu dir gerufen.

Du hast mich den Weg geführt
in dein Licht.

Du hast mich frei gemacht
von der Macht der Finsternis.

Du hast mich berufen
zur Gemeinschaft mit ihm,
Jesus Christus,
meinem Herrn.

Dich, Christus, bete ich an.
Du bist das sichtbare Bild Gottes.

Du bist der Erste,
der vor aller Schöpfung war.

Du bist das Zeichen seiner Nähe,
der älteste Bruder aller Geschöpfe.

In dir liegt das Geheimnis aller Dinge.
In dir wurde alles geschaffen.

In dir lebt alles Lebendige.
In dir besteht alles, was ist.

In deiner Hand
ruhen die Welten der Sterne.

Alles, was groß ist und was klein
auf unserer Erde, ist dein Reich.

Was sichtbar ist und was unsichtbar,
es ist eines in dir.

Was an Lebendigem sich regt,
ist lebendig durch dich.

In deiner Hand sind alle Mächte,
alle Gefahren, alle Gewalten.

Deinen Auftrag erfüllen sie,
in dir sind eins Himmel und Erde.

Was verborgen ist und was fern,
ist in dir,

die Elemente der Schöpfung,
ihre Kräfte und Gesetze.

Du bist allem voraus,
und alles hat seinen Bestand in dir.

Wir aber, die dich anbeten,
finden in dir das Leben.

Du bist der Anfang aller Dinge.
Du gehst uns allen voraus.

Durch die Tiefe des Todes
geleitest du uns ins Leben.

Denn in dir erscheint uns
die ganze Fülle Gottes,

damit wir Gott fänden
mit allen Geschöpfen.

Du erlittest den Tod
für uns und für alle Welt.

So haben wir Frieden,
und alles ist gut.

Ehre sei dir, Christus.

Gib den Augen unseres Herzens Licht

Wir preisen dich, Gott,
du Vater unseres Herrn Jesus Christus.

Du hast uns gesegnet
mit allem Segen der himmlischen Welt.

Du hast uns erwählt,
deine Kinder zu sein durch Christus.

Er gab uns Leben durch seinen Tod,
Freiheit von unserer Schuld.

Weisheit hast du uns gegeben,
Geist und Herz uns bewegt.

Das Geheimnis deines Willens
hast du uns aufgetan:

das Heil zu schaffen,
nun, da es Zeit ist,

Himmel und Erde zu einen
durch ihn, unsern Herrn.

Gib uns nun, Vater der Herrlichkeit,
den Geist der Erkenntnis.

Gib den Augen unseres Herzens Licht,
daß wir schauen, was kommt.

Du hast Christus erweckt vom Tode,
hast ihn erhoben zu dir,

daß er das Herz der Welt sei
und alle Mächte eine in sich.

Du hast ihn zum Haupt gemacht
deiner Gemeinde,

uns aber zum Widerschein,
zum Spiegel dessen, das kommt.

Wir preisen dich, Vater,
jetzt und in Ewigkeit.

Zeige mir, was ich tun soll

Ich werde mein Ziel finden

Der Himmel erzählt von dir, Gott,
und verkündet deine Herrlichkeit.

Ein Tag verkündet deinen Ruhm
dem folgenden Tag.

Was eine Nacht weiß,
sagt sie der nächsten ins Ohr.

Sie reden ohne Worte und singen
ohne vernehmbare Stimme.

Was sie erzählen, erfüllt das Land,
und ans Ende der Welt tönt ihr Raunen.

Du hast der Sonne ihre Bahn bestimmt.
Aus der Dämmerung tritt sie hervor.

Sie kommt und leuchtet,
fröhlich und stark,

wie ein Bräutigam hervortritt,
seiner Braut zu begegnen.

Ihre Freude ist,
über den Himmel zu ziehen wie ein Held.

Nichts bleibt verborgen,
wohin immer sie leuchtet.

Wie aber die Sonne ihren Weg weiß,
so hast du mir den Weg gewiesen.

Die Weisheit deiner Ordnungen
ist mein Pfad.

Deine Weisung ist klar und rein,
einer Quelle gleich.

Die Weisheit deiner Gebote
macht mir die Augen hell.

Die Weisheit deiner Gesetze
ist kostbarer als Gold.

Die Weisheit deiner Gebote
ist süßer als reiner Honig.

Sie geleitet mich auf meiner Straße,
zur Rechten und zur Linken hält sie mich.

So werde ich nicht irren
und endlich mein Ziel finden: dich, Gott.

Laß dir gefallen, was ich dir singe,
und höre, was mein Herz zu dir spricht,

Gott,
du mein Fels und mein Halt.

Du leitest mich in Frieden

Ich suche meinen Weg, mein Gott,
da höre ich deine Stimme:

»Meine Gedanken sind nicht eure Gedanken.
Eure Wege sind nicht meine Wege.

So viel der Himmel höher ist als die Erde,
sind meine Wege höher als eure Wege,

meine Gedanken
höher als eure Gedanken.

Aus der Höhe aber sende ich
meine Weisung.

Wie der Regen und Schnee vom Himmel fällt
und nicht wieder dorthin zurückkehrt,

sondern die Erde feuchtet und fruchtbar macht
und Brot wachsen läßt den Menschen,

so wird das Wort meiner Weisung auch sein:
Es kommt nicht leer zurück.

Es wirkt, was mir gefällt,
und erreicht, wozu ich es sende.

Denn ihr sollt euren Weg beginnen in Freude,
und im Frieden will ich euch leiten.

Berge und Hügel sollen sich mit euch freuen
und die Bäume in die Hände klatschen.

Zypressen sollen statt Dornen
an eurem Wege wachsen
und Myrten statt Nesseln.«

Das ist der Weg, den ich gehen soll,
den du mir zugedacht hast.

Ich höre dein Wort, mein Gott,
und vertraue deinen Gedanken.

Über den Auftrag des Leidenden

Seht, hier ist Gottes Knecht!
Er ist mein Erwählter, spricht Gott.

Ich habe ihm meinen Geist gegeben,
und er wird Zeuge sein für die Wahrheit.

Er wird nicht schreien, nicht rufen,
nicht lärmen auf der Gasse.

Er wird das geknickte Rohr nicht brechen
und den glimmenden Docht nicht löschen.

In Treue trägt er die Wahrheit
unter die Menschen.

So spricht Gott, der den Himmel wölbte
und der Erde ihr Leben gab,

der den Menschen den Atem gab
und den Geist allen seinen Kindern:

»Ich habe dich begnadet.
Ich habe dich berufen.

Ich halte deine Hand
und behüte dich.

Ich sende dich unter die Menschen
als Boten meiner Barmherzigkeit.

Öffne den Blinden die Augen,
führe die Gefangenen aus der Enge

und die in Angst sind,
aus der Verlassenheit.

Ich sage es dir heute,
und morgen wirst du es erkennen.«

In allem preise ich dich

Was ich mit meinem Geist begriff,
will ich singen.

All mein Lied
gilt der Hoheit Gottes.

Die Saiten meiner Harfe stimme ich
zu seiner heiligen Ordnung.

Die Flöte meiner Lippen lege ich
an seinen heiligen Willen.

Wenn der Tag kommt und die Nacht,
will ich bei Gott stehen.

Wenn der Abend anbricht und der Morgen,
spreche ich von ihm.

Wo er mir Grenzen setzt, sei meine Grenze,
und niemals will ich sie überschreiten.

Sein Urteil ist gerecht.
Es redet gerecht von meiner Verkehrtheit.

Denn meine Sünde steht mir vor Augen
wie gehauen in Stein.

Zu Gott will ich sagen:
Du bist meine Gerechtigkeit!

Zum Höchsten will ich sagen:
Was gut ist an mir, bist du!

Du bist der Quell der Erkenntnis,
der Brunnen der Heiligkeit.

Du bist der Gipfel des Lichts,
Allgewalt ewiger Hoheit.

Ehe ich Hand und Fuß rege,
will ich ihn preisen.

Wenn ich hinausgehe oder heimkehre,
wenn ich mich setze, wenn ich aufstehe,

wenn ich auf meinem Lager liege,
will ich ihm singen, ihn preisen.

Ehe ich die Hand hebe, mich zu sättigen
mit den Köstlichkeiten der Erde,

wenn Schrecken hereinbricht
und Furcht mich ergreift,

wenn ich im Elend bin ohne Trost,
will ich seine Wunder rühmen,

will seinem Geheimnis nachsinnen
und auf seine Liebe mich stützen.

Wenn die Not beginnt,
will ich ihm ein Loblied singen,

und bin ich in Bedrängnis,
so singe ich seinen Ruhm.

Ich rühme dich, mein Gott,
der du Erkenntnis gabst meinem Herzen.

Leite mich, daß mein Tun gerecht ist
und ich bei dir stehe in Ewigkeit.

Denn ohne dich wird nichts rein sein,
das wir tun,

und nichts wird geschehen,
wenn du es nicht willst.

Alles, was wir erkennen,
erkennen wir durch dich,

und alles, was geschieht,
geschieht durch deinen Willen.

Ich will dir nachfolgen

Jesus Christus, der du sagst:
»Ich bin der Weg«:
Ich suche meinen Weg
und schaue, was du mir zeigst.

Du hast gesagt:
»Der Geist Gottes ist über mir
wie ein Stern über dunklem Land.

Ich bin gesandt,
den Armen das Wort der Güte zu sagen,
den Gefangenen den Kerker zu öffnen,

den Blinden Licht zu bringen,
den Gefesselten die Befreiung,

und die Stunde auszurufen,
in der Gott Heil gibt.«

Ich suche meinen Weg
und schaue sein Geheimnis
an dir.

Der Weg des Christus sei mein Weg

Ich suche meinen Weg, o Gott,
und taste nach seinem Sinn.

Ich schaue den Weg an, den Christus ging,
und suche deine Weisung für mich.

Denn wie er, so gehen wir aus von dir
und suchen in dir unser Ziel.

Göttlich war Christus wie du, Gott.
Aber er bewahrte sich keine Macht
und behielt sein göttliches Wesen nicht.

Arm ward er und machtlos.
Er nahm die Gestalt eines Knechts an
und wurde ein Mensch unter Menschen.

In meiner Gestalt erschien er.
Tief stieg er hinab bis zum Tod,
ja zum Tode am Kreuz.

Darum hobst du ihn, Gott, über alles empor
und setztest ihn über alles, was lebt,
über Menschen und Mächte.

Denn in ihm sollen sie alle sich finden
und seine Liebe erkennen im Himmel,
auf der Erde und unter der Erde.

Mit allen Stimmen sollen sie rufen:
»Jesus Christus, Haupt und Herz aller Welt!«
Und dich, den Vater, rühmen und preisen.

Ich suche meinen Weg, o Gott, und finde ihn
in Christus, der mir vorausging.

Glück ist mir zugedacht

Ich sehe dich vor mir, Christus,
Bruder, Meister, Zeichen von Gott.

Ich höre dein Wort.
Du meinst mich.

Du sprichst von mir und sagst:
Du wirst selig sein!

Glücklich wirst du sein, begnadet.
Dein Leben wird seinen Sinn finden.

Gib mir nun die Gnade,
selig zu sein.

Selig sind, die arm sind vor Gott
und alles von ihm erwarten.
Ihrer ist Gottes wunderbares Reich.

Selig sind die Armen,
denn in ihnen ist deine Liebe.
Mache mich zu einem deiner Armen.

Selig sind, die Leid tragen,
denn sie sollen getröstet werden.

Selig, die ihr Leid hilflos erleiden,
und selig, die es tragen
mit der Kraft deiner Liebe.

Selig sind sie, denn du leidest in ihnen.
Gib mir im Leid deine Liebe,
so bin ich dein.

Selig, die geduldig sind und freundlich,
denn sie werden die Erde besitzen.

Selig, die hoffen können, bis Frucht wächst,
die deiner schaffenden Kraft vertrauen
und keiner Gewalt bedürfen.

Gib mir die Stille, auf deiner Erde zu wirken,
und von deiner großen Kraft.

Selig sind, die hungert und dürstet
nach deiner Gerechtigkeit,
denn sie sollen satt werden.

Sie werden denen Gerechtigkeit schaffen,
die das Brot suchen und die Freiheit.

Mache mich hungrig, damit ich wach werde,
damit Gerechtigkeit geschieht durch mich
und viele satt werden durch meine Hand.

Selig sind die Barmherzigen,
denn sie werden Barmherzigkeit erlangen.

Glücklich, die die Wehrlosen hüten,
die ein Ohr haben für die Verzweiflung,
ein Auge für die wortlose Klage,
eine Hand für die hilflose Schwäche.

Mache mich barmherzig,
denn nichts bin ich
ohne deine Barmherzigkeit.

Selig sind, die reinen Herzens sind,
denn sie werden Gott schauen.

Rein ist mein Herz,
wenn ich mich nicht mehr fürchte
vor Befleckung,
vor Krankheit und Elend der Menschen,

und wenn dein Licht durch mich
dorthin fällt, wo Gott verborgen ist.

Laß mich dich schauen in der Dunkelheit.

Selig sind, die Frieden schaffen,
denn sie sind Söhne und Töchter Gottes.

Selig, die den Streit beenden
und nicht ausschauen nach irgendeinem Sieg.

Selig die Schutzlosen, deren Hände schützen.
Sie spiegeln dich auf dieser Erde.

Du Bringer des Friedens, gib mir Frieden
und gib der Erde Frieden durch mich.

Selig, die um der Gerechtigkeit willen
verfolgt werden,
ihrer ist das Reich der Himmel.

Sie werden verfolgt werden wie du.
Sie werden leiden mit dir.

Sie werden deine Gerechtigkeit ausbreiten
und dein Reich den Verfolgern öffnen.

Christus, sei bei mir in der Bedrängnis,
damit ich stehe wie du.

Du sagst: Das Glück wirst du finden.
Ziel und Sinn deines Weges: das Reich.

Gnade wird dich erfüllen.
Gott selbst wirst du spiegeln.

Ich danke dir, Christus,
daß ich gemeint bin.
Von dir.

Gib mir von deinem Geist

Wo finde ich Weisheit?

Wo finde ich Weisheit?
Wo tut sich mir dein Geheimnis auf?

Das Silber hat seine Gänge
im Fels,

das Gold seinen Ort,
an dem man es auswäscht.

Eisen gewinnt man aus der Erde,
Erz schmelzt man aus dem Gestein.

Bis zum tiefsten Grund gräbt man
nach den Schätzen, tief in der Finsternis.

Schächte gräbt man
fern von der Wohnstatt der Menschen.

Drunten in den Gruben hangen sie
und schweben, ohne Halt für den Fuß.

Wo aber ist Weisheit zu finden?
Wo ist sie verborgen?

Wie mit Feuer zerwühlt man die Erde,
auf der doch oben das Brot wächst.

Doch wo ist Weisheit?

Tief in der Erde ist ein Pfad,
den kein Geier kennt,

den des Falken Auge
nicht erspäht,

den das stolze Wild nicht betritt,
den kein Löwe beschreitet.

An harte Felsen legt man die Hand,
vom Grund aus gräbt man die Berge um.

Stollen bricht man durch das Gestein,
und was immer kostbar ist, erschaut das Auge.

Was verborgen ist, bringt man ans Licht.
Wo aber findet man Weisheit?

Wo gewinnt man Erkenntnis Gottes?
Niemand findet den Weg.

Kein Mensch lernte sie je
von einem Menschen.

Die Tiefe spricht: In mir ist sie nicht!
Und das Meer: Sie ist nicht bei mir!

Verhüllt ist sie den Lebendigen,
verborgen den Vögeln des Himmels.

Abgrund und Tod sprechen:
Wir hörten nur raunen von ihr.

Du, Gott, weißt, wie wir sie finden,
du allein kennst den Ort.

Denn du hast die Erde vor Augen
und schaust, was unter dem Himmel ist.

Als du dem Winde seine Wucht gabst
und dem Wasser sein festes Maß,

als du dem Regen sein Gesetz nanntest,
Blitz und Donner ihre Bahn zeigtest,

da war sie am Werk,
da erfüllte sie das All.

Und noch immer wirkt sie an uns
und an allem, was lebt.

Und das ist Weisheit:
Schauen, was du tust. Schauen dein Werk.

Leben nach ihrem Gesetz.
Leben in Ehrfurcht.

Das Böse nicht tun,
das deinem Willen feind ist.

Wo finde ich Weisheit?
Allein bei dir, Gott,

und in der Einfachheit des Herzens,
das dich rühmt.

Ein Hymnus auf die Weisheit

Ich rühme dich, o Gott,
um deiner Weisheit willen,
die mich geschaffen hat
und die ich von dir erbitte.

Denn kein Edelstein
kommt ihr an Kostbarkeit gleich,
und alles Gold ist, verglichen mit ihr,
nichts als Sand.

Gib mir, nach ihrem Sinn zu denken,
denn deine Weisheit leitet mich.
Ich bin selbst in ihrer Hand,
und es gibt anders keine Einsicht.

In ihr ist ein Geist,
der ist voll Gedanken,
heilig und mannigfaltig,
zart und beweglich,

er durchdringt alles,
klar und ohne Makel,
er liebt das Gute
und tut allen Dingen wohl.

Der Geist der Weisheit ist unbestechlich
und voll starker Gewißheit.
Er kann alles und sieht alles
und blickt in alle Geheimnisse.

Er durchdringt alle die geistigen Wesen,
die uns umgeben, die denkenden,
reinen und zarten.

Denn die Weisheit ist beweglicher
als alle Bewegung,
in ihrer Reinheit durchdringt sie alles
und erfüllt alle Dinge.

Sie ist ein Hauch der göttlichen Kraft,
ein reiner Ausfluß
der Hoheit des alles wirkenden Gottes.

Kein Schatten ist an ihr.
Sie ist der Widerschein des ewigen Lichts,
der ungetrübte Spiegel von Gottes Kraft,
Bild seiner Vollkommenheit.

Sie ist in sich eins
und vermag doch alles überall.
Ohne sich zu ändern,
erneuert sie alles.

Von Generation zu Generation
tritt sie in heilige Seelen ein
und schafft Menschen, die Gott lieben
und seinen Willen aussprechen.

Denn Gott liebt den,
der mit der Weisheit zusammenwohnt.

Sie ist schöner als die Sonne
und übertrifft alle strahlenden Sterne.
Sie ist glänzender als der Tag,
denn ihr folgt keine Nacht.

Über die Weisheit siegt keine Dunkelheit.
Machtvoll entfaltet sie ihre Kraft
von einem Ende der Erde zum anderen
und durchwaltet voll Güte das All.

Ich aber kann sie nicht erlangen,
es sei denn, du gibst sie.
So gib mir den Glauben,
den deine Weisheit wirkt.

So rühme ich dich, o Gott,
jetzt und in Ewigkeit.

Sende deinen Geist

O Gott meiner Väter und Herr aller Güte,
der du alle Dinge gemacht hast,
indem du ihren Namen nanntest,

du hast auch den Menschen
gebildet in deiner Weisheit,
daß er deine Geschöpfe behüte,

die Welt verwalte
in Heiligkeit und Gerechtigkeit
und sie mit wissendem Herzen bewahre.

Gib mir die Weisheit,
die allein bei dir ist.

Schließe mich nicht aus
aus dem Kreise deiner Kinder.

Denn ich bin ein schwacher Mensch
und kurzen Lebens.

Ich weiß nicht genug über meinen Weg
und über das rechte Tun.

Und wer je unter den Menschenkindern
vollkommen wäre, er wäre nichts,

fehlte ihm die Weisheit,
die aus dir entspringt.

Du hast mich in dieses Leben gestellt
und hast mir Aufträge gegeben.

Du hast mir Menschen anvertraut,
deine Söhne, deine Töchter.

So gib mir Weisheit.
Sie war am Werk, als du die Welt schufst.

Sie weiß, was dir gefällt
und deinem Willen gemäß ist.

Sende sie herab aus dem Himmel
vom Thron deiner Herrlichkeit,

daß sie bei mir sei und mich wecke
und schaffend wirke in meinem Tun.

Denn sie weiß und versteht alles.
Sie wird mich leiten mit Verstand
und in ihrem Licht mich bewahren.

Denn welcher Mensch weiß,
was du planst?

Wer kann in seinen Gedanken fassen,
was du willst?

Die Gedanken sterblicher Menschen
sind ungewiß,
unsere Pläne sind gefährlich.

Der schwache Leib ermüdet die Seele,
und die irdische Hütte
beschwert den zerstreuten Sinn.

Wir verstehen kaum, was auf Erden ist,
und nur schwer, was in den Händen ist.
Wer will das Himmlische erforschen?

Wie soll einer deine Weisung erfahren,
wenn du nicht Weisheit gibst

und deinen heiligen Geist
aus der Höhe sendest?

Durch ihn werden unsere Pfade richtig,
wir Menschen erkennen, was dir gefällt,
und werden durch Weisheit gerettet.

Komm, denn die Angst ist groß

Das Gebet des sterbenden Christus

Mein Gott, mein Gott!
Warum hast du mich verlassen

und bist so ferne meinem Angstschrei,
meinen Klagerufen?

Ich rufe bei Tage, und du antwortest nicht,
und bei Nacht, und finde keine Ruhe.

Und doch thronst du heilig in der Höhe
über den Lobgesängen Israels.

Auf dich vertrauten unsere Väter,
auf dich vertrauten sie und wurden gerettet.

Ich aber bin ein Wurm und kein Mensch,
der Leute Spott, von der Menge verachtet.

Die mich sehen, verspotten mich,
verziehen den Mund und schütteln den Kopf:

Er klage es Gott! Der helfe ihm heraus,
ist er doch sein Liebling!

Du hast mir das Leben gegeben,
von Geburt an bist du mein Gott!

Sei nun nicht ferne,
denn die Angst ist groß.

Stiere umgeben mich,
gewaltige Büffel umringen mich.

Tod und Entsetzen faßt mich.
Die Hölle reißt ihren Rachen auf.

Ich bin hingegossen wie Wasser,
mein Herz ist wie zerschmolzenes Wachs.

Meine Kehle ist trocken wie eine Scherbe,
denn du legst mich in des Todes Staub.

Sie haben mir Hände und Füße durchbohrt,
alle meine Knochen zerfallen.

Sie gaffen mich an
und haben ihr Vergnügen an mir.

Sie teilen meine Kleider unter sich
und werfen das Los über mein Gewand.

O Gott, komm! Bleibe nicht fern!
Du bist meine Kraft! Hilf mir!

Errette mein Leben vom Tode,
mein einziges Gut vor den Hunden!

Mein Gott, du hast mich erhört!
Ich will von dir reden zu deinen Kindern.

Alle, die ihr den Herrn kennt, rühmt ihn,
ehret ihn, die ihr sein Volk seid!

Denn er hat mein Elend nicht übersehen,
mich nicht verlassen in der Not.

Ihn werden anbeten alle,
die in der Erde schlafen.

Vor ihm werden die Knie beugen alle,
die man in den Staub legte.

Meine Kinder werden ihm dienen.
Von ihm werden sie ihren Kindern erzählen.

Sie werden dem künftig geborenen Volk
von seiner Barmherzigkeit erzählen

und sagen: Das alles hat er getan,
er, unser Gott.

Ich weiß: Du hörst mich

Mein Gott, höre mich!
Bewahre meine Seele, denn ich bin dein!

Hilf du mir, mein Gott,
ich verlasse mich auf dich.

Sei mir gnädig,
denn ich rufe täglich zu dir.

Du bist gütig und freundlich
gegen alle, die dich anrufen.

So rufe ich dich an in meiner Not
und weiß: Du hörst mich.

Weise mir, Gott, deinen Weg,
daß ich gehe in deiner Wahrheit.

Erhalte mein Herz bei dem einen,
dich zu ehren.

Ich will dir danken von ganzem Herzen
und dich in Ewigkeit preisen.

Denn gütig warst du gegen mich
und hast mich errettet
aus der Tiefe des Todes.

Schweige nicht zu meinen Tränen

Mein Ende steht vor mir, o Gott.
So zeige mir das Maß meiner Tage.

Stelle mir vor Augen,
wie vergänglich ich bin.

Sieh, eine Spanne lang sind meine Tage.
Wie nichts ist mein Leben vor dir.

Wie ein Hauch ist der Mensch,
der doch so sicher steht.

Wie ein Traumbild wandelt er dahin
und macht sich Unruhe um nichts.

Er häuft auf und weiß nicht,
wer es einsammeln wird.

Nun, Gott, auf wen soll ich hoffen?
Mein Warten gilt dir allein.

Errette mich aus meiner Sünde,
daß ich nicht den Narren ein Spott werde.

Ich will schweigen und den Mund nicht auftun,
denn mein Geschick ist von dir.

Nimm mir ab meine Schmerzen,
denn unter dem Griff deiner Hand vergehe ich.

Wenn du uns Menschen züchtigst
um unserer Sünde willen,

so verzehrst du unsere Schönheit
wie die Motte ein Kleid.

Höre mein Gebet, mein Gott,
und schweige nicht zu meinen Tränen.

Laß ab von mir, daß ich mich erquicke,
ehe ich dahinfahre und nicht mehr bin.

Das Lied des Menschen im Rachen des Fisches

Ich rufe zu Gott in meiner Angst,
und er erhört mich.

Ich schreie aus dem Rachen der Hölle,
und er hört meine Stimme.

Du warfst mich in die Tiefe des Meers,
die Fluten erfaßten mich.

Alle deine Wellen und Wogen
gingen über mich hin.

Ich dachte: Ich bin vertrieben,
verstoßen aus deiner Nähe.

Wie sollte ich wieder aufschauen
zu deinem heiligen Tempel?

Nun gehen mir die Wasser
bis an die Kehle.

Die Flut umgibt mich,
Schilf schlingt sich mir ums Haupt.

Zu der Berge Gründen sank ich hinab,
der Abgrund schloß mich ein.

Aber du, Gott, kannst mein Leben retten
aus dem Verderben.

Meine Seele verzagt in mir,
und ich denke an dich, mein Gott.

Ich weiß, mein Gebet dringt zu dir,
und einmal werde ich dir danken.

Ja, das werde ich tun,
denn das ist gewiß: Du hilfst mir.

Wir fürchten uns nicht

Gott ist unsere Zuversicht und Stärke,
eine Hilfe in den großen Nöten,
die uns getroffen haben.

Darum fürchten wir uns nicht,
wenngleich die Welt unterginge
und die Berge ins Meer sänken.

Mögen tosen und brausen die Wasser,
mögen Berge erbeben vor ihrem Ungestüm,
Gott selbst ist unser Schutz.

Darum soll die Stadt Gottes sich freuen
mit ihren Brunnen
an den heiligen Wohnungen des Höchsten.

Gott ist in ihrer Mitte,
darum wird sie nicht wanken.

Völker toben, Königreiche fallen.
Mächte vergehen unter seiner Gewalt.

Wir aber stehen, was immer geschieht,
in seinem Schutz.

Kommt und schaut die Werke des Herrn,
der die Kriege endet in aller Welt,

der Bogen zerbricht, Spieße zerschlägt
und Kriegswagen mit Feuer verbrennt.

Gott ist mit uns,
er selbst ist unser Schutz.

Du machst meine Füße leicht

Ich will dich erheben,
Gott, meine Stärke,

mein Fels, meine Burg, mein Retter,
Schutz mir und Zuflucht!

An den Grenzen des Todes stand ich,
am Abgrund des Totenreiches.

Schrecken und Angst schlossen mich ein,
als sänke ich in große Wasser.

In meiner Not rief ich zu dir,
da hörtest du mein Rufen.

Du sahst meine Angst aus der Höhe
und zogst mich aus der Flut.

Du führtest mich auf einen neuen Weg,
du halfst mir heraus an den lichten Tag.

Ja, du bist mein Licht!
Du machst meine Finsternis hell!

Mit dir überwinde ich Mauern,
mit dir übersteige ich mein Elend.

Du gibst mir Kraft.
Du ebnest meinen Weg.

Du machst meine Füße leicht,
den Hirschen gleich,

und leitest mich
über die Berge meiner Sorge.

Du bist der lebendige Gott,
Quelle alles Lebens für mich.

Du bist der Fels,
auf dem ich sicher stehe.

Ich will dir danken, jetzt und ewig,
mit der Stimme des Lobgesangs.

Wer will uns anklagen?

Ist Gott für uns,
wer will wider uns sein?

Er hat den eigenen Sohn nicht geschont,
sondern für uns alle dahingegeben,

wie sollte er uns mit ihm
nicht alles schenken?

Wer will uns anklagen?
Gott selbst spricht uns gerecht.

Wer will uns verurteilen?
Christus tritt für uns ein.

Er starb für uns. Er stand auf zum Leben.
Er ist in Gott und tritt für uns ein.

Wer will uns scheiden
von der Liebe Gottes?

Bedrängnis oder Angst?
Verfolgung oder Hunger?

Nacktheit oder Gefahr
oder das Schwert des Henkers?

In dem allen überwinden wir weit
durch den, der uns geliebt hat.

Denn ich bin gewiß,
daß weder Tod noch Leben,

weder Boten des Abgrunds,
weder Zufall noch Schicksal,

weder das Unheil von heute
noch die Gefahr von morgen,

weder Gewalten der Erde
noch Mächte in den Sternen,

weder was am Himmel ist
noch in der Tiefe,

noch irgendeine Macht,
die doch geschaffen ist von Gott,

uns scheiden kann von der Liebe Gottes,
die uns begegnet ist in Christus.

Ich sehe meine Schuld

Ich verlange nach dir wie trockenes Land

Höre mich, Gott, wenn ich rufe,
denn dir vertraue ich.

Ich bitte dich:
Geh nicht ins Gericht mit mir,

denn vor dir ist niemand gerecht
unter allen Menschen.

Ich denke an frühere Zeiten.
Ich sinne nach über dein Tun.

Ich strecke meine Hände aus nach dir,
wie trockenes Land nach Wasser lechzt.

Vergib mir, was ich tat,
denn mein Geist vergeht.

Verbirg dich nicht vor mir,
denn mein Leben geht zu Ende.

Laß mich am Morgen deine Gnade hören,
denn ich vertraue auf dich.

Zeige mir den Weg, den ich gehen soll,
denn zu dir will ich finden.

Mache mein enges Herz weit
und führe mich aus der Angst.

Laß mich nicht zugrunde gehen,
denn ich vertraue auf dich.

Lehre mich tun nach deiner Weisung.
Dein guter Geist leite mich auf dem Wege.

Gib mir ein neues Herz

Zu dir, Gott, rufe ich.
Sei mir gnädig nach deiner Güte.

Nimm meine Schuld von mir,
der du barmherzig bist.

Mache mich rein von Unrecht,
reinige mich von meiner Sünde.

Denn ich erkenne, was ich tat,
und meine Untat steht mir immer vor Augen.

Ich habe ja nicht an Menschen Unrecht getan,
sondern an dir.

Nicht Menschen messen das Maß der Schuld,
was böse ist, bestimmst allein du.

Dein Maß gilt. Dein Urteil ist recht.
Die Schuld trifft mich allein.

Aber sieh –
ich bin ein schwacher Mensch.

Ein schwacher Mensch
war schon meine Mutter.

So sieh mein Unrecht nicht an.
Nimm es weg zwischen dir und mir.

Gib mir ein neues Herz,
einen neuen, festen Geist gib mir.

Stoße mich nicht von dir
und nimm mir nicht deinen heiligen Geist.

Hilf mir zu tun, was gut ist,
hilf mir, deinen Weg zu gehen.

Nichts habe ich dir zu bringen
als meine Bitte.

Mein Opfer, o Gott, ist,
daß ich zerbrochen bin an mir selbst.

Zerschlagen bin ich,
zerrissen an meinem Herzen.

Nimm das. Das bringe ich dir.
Du wirst es nicht verachten.

Ach, kämest du doch herab!

Ich will mich erinnern deiner Güte
und deiner wunderbaren Taten, Gott.

Ich gedenke der Güte und Barmherzigkeit,
die du uns erwiesen hast.

Denn du liebst uns,
deine Töchter, deine Söhne,

du warst unser Helfer
in all unsrer Not.

So schau nun vom Himmel,
sieh herab von deiner heiligen Wohnung.

Wo ist denn nun
deine große Barmherzigkeit?

Du bist doch unser Vater,
der Erlöser derer, die dich suchen.

So komm wieder zu deinen Kindern
und besuche die Menschen, die doch dein sind.

Fast ist es, als sähest du nicht,
was unter uns geschieht.

Ach, zerrissest du doch den Himmel!
Ach, kämst du doch herab,

daß die Mächte der Welt vor dir vergingen,
daß sie verglühten wie Reisig im Feuer,

daß sie verdampften wie siedendes Wasser
über der Flamme.

Denn es ist keine Hilfe
für uns, die dich anrufen, als du allein.

Ach, du bist uns ferne gerückt,
als wir ohne dich lebten,

und nun sind wir unrein,
unsere Frömmigkeit ist
wie ein schmutziges Kleid.

Wir sind verwelkt wie die Blätter,
unsre Sünden wirbeln uns wie der Wind.

Jeder lebt, als wärest du nicht,
jedem ist sein eigener Weg genug.

Du läßt uns allein mit unsrem Unrecht,
und unsre Last drückt uns zu Boden.

Und doch ist das eine wahr, Gott:
Du bist unser Vater.

Wir sind Ton. Du bist der Töpfer.
Noch immer sind wir deiner Hände Werk.

Du erneuerst meine Kraft

Ich will dich rühmen, mein Gott.

Alles, was in mir ist,
mein Herz und mein Geist, soll dich rühmen.

Ich will dich rühmen
und all das Gute nicht vergessen,
das ich von dir empfing.

Du vergibst mir meine Schuld
und machst heil,
was zerbrochen war in mir.

Du hast mir das Leben geschenkt,
als es schon verloren schien.

Mit deiner Güte schmückst du mich
wie mit einer Krone.

Du erneuerst meine Kraft
wie das Gefieder des Adlers.

Barmherzig bist du und freundlich,
geduldig und reich an Güte.

Du gehst nicht mit uns um,
wie wir es verdient hätten,

und lohnst uns nicht
nach unserer Schuld.

So hoch der Himmel über der Erde,
so mächtig leuchtet deine Gnade.

So ferne der Morgen ist vom Abend,
so weit rückst du unsre Untat fort.

Wie ein Vater sich liebend
seiner Kinder erbarmt,

so erbarmst du dich unser,
die dich anrufen.

Du siehst unsre Schwachheit,
du weißt, daß wir Staub sind.

Unsre Lebenskraft ist wie Gras,
wir blühen wie Blumen auf dem Feld.

Wenn der Wind darüber weht,
sind wir nicht mehr,

unbekannt sind wir
der Stelle, an der wir blühten.

Deine Gnade aber bleibt
Ewigkeit um Ewigkeit.

Rühmet, ihr Engel, mit uns
ihn, unsern Gott!

Rühmet ihn, die ihr sein Werk seid,
Engel und Menschen!

Rühmet ihn gemeinsam mit uns.

Ich durfte neu beginnen

Glücklich zu preisen der Mensch,
dem seine Sünden vergeben sind.

Wohl dem Menschen,
dem du Schuld nicht zurechnest.

Denn als ich sie verbergen wollte,
wurde ich krank und elend.

Schwer lag deine Hand auf mir
Tag und Nacht.

So bekannte ich meine Verfehlung
und verschwieg meine Schuld nicht.

Da hast du mir alles vergeben,
und ich durfte neu beginnen.

Darum rufen wir zu dir
und suchen dich.

Du bist unser Schutz.
Du bewahrst uns vor Unheil.

Wir freuen uns und danken dir
und singen dir unseren Dank.

Danken ist gut

Danket dem Herrn,
denn er ist freundlich,
und seine Güte währet ewig.

So sollen die sprechen,
die Gott erlöst hat aus ihrer Not,

die er in allen Ländern an ihr Ziel führte,
von Osten und Westen,
von Norden und Süden her.

Verirrt waren sie in der Wüste
und fanden den Weg nicht zur wohnlichen Stadt.

Hungrig und durstig waren sie,
und ihre Kehle vertrocknete.

Da riefen sie nach Gott in ihrer Not,
und er rettete sie aus ihrer Angst,

er führte sie auf den rechten Weg
zu der Stadt, die ihr Ziel war.

Sie sollen nun danken.
Sie sollen ihm danken für seine Güte

und für die Wunder,
die er an den Menschenkindern tut.

Danket Gott, denn er ist freundlich,
und seine Güte währt ewig.

So sollen die sprechen,
die gefangen waren in Finsternis,

gefesselt in Angst,
gebunden in Trotz,

weil sie Gott verachtet
und seine Weisung von sich gewiesen hatten.

Sie stürzten,
und niemand half ihnen auf.

Da schrien sie nach Gott,
und er half ihnen aus ihrer Angst.

Er führte sie aus der Finsternis
und zerbrach ihre Fesseln.

Sie sollen nun danken.
Sie sollen Gott danken für seine Güte

und für die Wunder,
die er an den Menschenkindern tut.

Danket dem Herrn, denn er ist freundlich,
und seine Güte währt ewig.

So sollen die sprechen,
die krank waren an ihrem Unrecht,

dem Tode nahe
an Leib und Seele.

Sie schrien zu Gott in ihrer Not,
und er sprach ein Wort,

und sie wurden gesund,
neu geschaffen aus dem Tode.

Sie sollen nun danken.
Sie sollen ihm danken für seine Güte

und für die Wunder,
die er an den Menschenkindern tut.

Danket dem Herrn, denn er ist freundlich,
und seine Güte währt ewig.

So sollen die sprechen,
die auf Schiffen über das Meer fuhren.

Sie haben sein schreckliches Werk gesehen
über dem Abgrund der Wasser:

Sturm erhob sich unter seiner Hand
und peitschte die Wellen hoch.

Sie fuhren hinauf zum Himmel
und wieder hinab in den Abgrund.

Sie tanzten und schwankten
wie die Betrunkenen.

Sie verzagten in ihrer Angst.
Mit ihrer Kunst war es zu Ende.

Da schrien sie zu Gott in ihrer Not,
und er rettete sie aus ihrer Angst.

Er machte den Sturm leise,
und die Wogen wurden still.

Sie waren glücklich und freuten sich,
als sie das Ufer erreichten.

Sie sollen nun danken.
Sie sollen Gott danken für seine Güte

und für die Wunder,
die er an den Menschenkindern tut.

Sie sollen ihre Dankbarkeit erweisen
und mit Freude erzählen,

was du getan hast, du, unser Gott.

Glücklich, der dein Herz findet

Ich will Gott preisen Tag für Tag.

Ich will singen von dem,
was er für mich getan hat.

Ich bin glücklich, daß Gott
sich kümmert um mich armen Menschen.

Ich will, daß die Verlassenen es hören
und sich mit mir freuen.

Wer sich ihm zuwendet,
wird sein Licht spiegeln,

sein Gesicht wird hell sein
von Freude.

Ich schrie zu Gott, und Gott hörte mich
und half mir aus meiner Not.

Glücklich, wer Gottes Herz findet.
Glücklich, wer sich zu ihm flüchtet.

Denn er ist nahe denen,
die an sich selbst verzweifeln.

Er hilft denen,
die an ihrer Schuld tragen

wie ein Lasttier,
dessen Lasten zu schwer sind.

Ihm vertrauen wir uns an
mit all unserer Schuld,

und er gibt uns den neuen Anfang
und einen weiten Raum.

Das Gebet Salomos bei der Weihe des Tempels

Du hast gesagt, mein Gott:
Im Dunkeln ist meine Wohnung!

So habe ich ein Haus gebaut,
in dem du uns nahe sein willst,

in dem wir dich finden
allezeit.

O Gott, im Himmel nicht
und nicht auf Erden ist ein Gott,
dir zu vergleichen.

Wie solltest du auf dieser Erde wohnen?

Der Himmel und der Himmel
aller Himmel fassen dich nicht.

Wie sollte es dieses Haus tun?

Aber wende dich zu meinem Gebet,
das ich zu dir spreche:

Laß deine Augen wachen
über diesem Hause Nacht und Tag,

und wenn wir zu dir rufen,
so wollest du es hören.

Wenn ein Verbrechen geschieht
in unserem Volk,

wenn Unrecht herrscht
zwischen den Menschen,

so mache uns bereit,
Gerechtigkeit zu schaffen und Recht,

und hilf durch uns dem,
der unter dem Unrecht leidet.

Wenn wir Unglück erleiden,
weil wir schuldig wurden an dir,

und wir wenden uns dir zu
und beten in diesem Hause,

so wollest du uns hören im Himmel
und unsere Sünde vergeben.

Du wollest uns Heil geben
und Frieden unserem Land.

Wenn der Himmel verschlossen ist
und der Regen ausbleibt,

weil wir Unrecht tun an der Erde,
und wir rufen zu dir an dieser Stätte
und ändern unser Tun,

so wollest du uns hören im Himmel
und Regen senden der Frucht der Erde.

Auch die Stimme des Fremden höre,
der nicht aus unsrem Volk stammt,

der aus fremdem Land kommt,
auch ihn höre und erfülle ihm seine Bitte.

Laß deine Augen wachen
über dem Gebet deines Dieners.

Höre uns, dein Volk,
wenn wir zu dir rufen,

denn wir sind dein,
wie es schon unsere Väter waren.

Dich preise ich, o Gott, allein.

Wie ein Rauch im Wind bin ich

Ich klage wie ein einsamer Vogel auf dem Dach

Mein Gott, höre mein Gebet!
Nimm mein Schreien auf,
höre, was ich zu dir rufe!

Denn wie ein Rauch im Wind
verwehen meine Tage,
versengt wie Gras
ist mein Herz.

Matt bin ich vor Weinen und Klage,
ich bin nur noch Haut und Gebein.

Ich bin einer Eule gleich in der Wüste,
einem Käuzchen in den Trümmern.

Ich wache und klage
wie ein einsamer Vogel auf dem Dach.

Meine Kraft zerbricht mitten auf dem Wege,
und meine Tage enden plötzlich.

Nimm mich, o Gott, nicht von der Erde
in der Mitte meiner Tage,

du, dessen Jahre Ewigkeiten währen.

Du hast vorzeiten die Erde gegründet,
die Himmel sind deiner Hände Werk.

Sie werden vergehen, du aber bleibst,
sie werden veralten wie ein Gewand.

Wie ein Kleid wirst du sie wechseln,
sie gehen dahin, du aber bleibst.

So nimm mein Schreien auf
und höre mich, ewiger Gott.

Ich schaue nach dir

Ich hebe meine Augen auf
zu dir, der du im Himmel thronst.

Ja, wie die Augen der Knechte
auf die Hände ihrer Herren sehen,

wie die Augen der Magd
auf die Hände ihrer Frau,

so sehen unsre Augen auf dich,
bis du dich unser annimmst.

Erbarme dich unser, o Gott,
erbarme dich unser.

Ich warte, wie ein Wächter auf den Morgen wartet

Aus der Tiefe rufe ich, Gott, zu dir!
Mein Gott, höre meine Stimme.

Wenn du, Gott, Sünden anrechnest,
wer wird bestehen?

Denn dein ist die Vergebung,
unser die Furcht.

Ich warte auf dich, Gott,
meine Seele wartet.

Ich warte auf dich
wie ein Wächter auf den Morgen,

ja mehr, als ein Wächter
auf den Morgen wartet.

Wir alle warten auf dich,
denn von dir kommt das Licht.

Wir warten auf deinen Tag,
den Tag, da du Freiheit gibst,

Freiheit aus unserem Gefängnis:
aus aller unserer Schuld.

Trotz allem bleibe ich an dir

Allem, was geschieht, zum Trotz
bleibst du unser Trost, o Gott.

Fast aber wäre ich gestrauchelt
mit meinen Füßen,

um ein Haar
gestürzt auf meinem Weg,

denn ich beneidete die Prahler,
die Gottlosen, denen es so wohlgeht.

Sie leiden keine Qualen,
gesund und feist ist ihr Leib.

Sie tragen keine Last wie andere,
sie leiden keine Entbehrung.

Sie tragen ihren Hochmut daher
wie ein Geschmeide am Hals

und prangen in ihrer Gewalttat
wie in einem stolzen Gewand.

Was sie reden, soll vom Himmel tönen,
was sie sagen, auf der Erde gelten.

Darum fällt ihnen der Pöbel zu
und schlürft ihre Worte wie Wasser.

Sie sprechen:
Da ist doch kein Gott, der es weiß –

wo sollte denn ein Gott sein,
der es merkt?

Umsonst, daß ich mein Herz rein hielt
und meine Hände vor Unrecht bewahrte.

Ich leide doch Qual den ganzen Tag
und erfahre mein Elend alle Morgen.

Das tat mir weh im Herzen
und verwundete mich tief innen.

Ich war ein Narr und ohne Verstand,
ich war wie ein Tier vor dir.

So sann ich nach,
ob ich's vielleicht verstünde,
aber es war mir zu schwer.

Darum bleibe ich, trotz allem, bei dir,
denn du hältst mich
bei meiner rechten Hand.

Du leitest mich nach deinem Rat
und nimmst mich am Ende mit Ehren an.

Wenn ich nur dich habe,
frage ich nichts nach Himmel und Erde.

Wenn mir auch Leib und Seele verschmachten,
bist du doch, Gott, allezeit
meines Herzens Trost und mein Teil.

Laß mich nicht fallen in meinem Alter

Wenn meine Kraft schwindet, verlaß mich nicht

Bei dir bin ich geborgen,
bei dir finde ich Hilfe, mein Gott.

Du bist der Fels, auf dem ich stehe,
die Burg, die mich umgibt.

Du bist meine Hoffnung,
von Kind an verließ ich mich auf dich.

Es war vielen wie ein Wunder,
daß ich nicht umkam.

Aber du warst es, der mich festhielt,
bei dir fand ich Halt und Schutz.

Dann habe ich gesungen.
Lieder sang ich dir zu Ehren,

und mein Tag war voll Glanz,
erfüllt von deiner Gegenwart.

Laß mich nun nicht fallen
in meinem Alter.

Wenn meine Kraft schwindet,
verlaß mich nicht.

Denn dunkle Gedanken fallen mich an,
und die Angst überfällt mich.

Sei nun nicht ferne von mir,
mein Gott, komm mir zu Hilfe.

Immer und immer will ich hoffen
und davon singen, was du getan hast.

Von deiner Treue will ich reden,
früh und spät von deinen Wundern singen.

Ich gehe einher in deiner Kraft,
ich preise deine Gerechtigkeit allein.

Wenn ich nun alt werde und grau,
mein Gott, verlaß mich nicht.

Denn ich will deine Güte verkündigen
dem kommenden Geschlecht.

Viel Jammer habe ich gesehen,
aber deine Nähe tröstete mich.

Nun will ich dich rühmen mit Liedern,
die ich zur Harfe singe.

Ich will von deiner Treue reden,
meine Lippen sollen dir singen.

Preisen soll dich meine Seele,
die fröhlich wurde durch dich.

Tausend Jahre sind wie ein Tag

Herr, Gott,
du bist unsre Zuflucht für und für.

Ehe die Berge wurden
und die Erde und die Welt geschaffen wurden,

warst du, Gott,
von Ewigkeit zu Ewigkeit.

Du lässest die Menschen sterben
und rufst sie zurück in den Staub:

Kommt wieder,
Menschenkinder!

Denn tausend Jahre sind vor dir
wie der Tag, der gestern verging,
und wie eine Nachtwache.

Du säst Menschen aus in die Welt
Jahr um Jahr.

Wie Gras, das nachwächst,
kommen sie aus deiner Hand.

Wie Gras,
das in der Frühe aufwächst und blüht
und am Abend welkt und verdorrt,

so welken wir hin in deiner Glut,
denn du siehst all unser Unrecht.

In deinem Licht ist alles sichtbar,
was wir zu verbergen suchen.

Ja, unsre Tage eilen dahin,
getrieben von deinem Zorn.
Wie Seufzer verhallen die Jahre.

Siebzig Jahre währt unser Leben,
wenn es hoch kommt, achtzig.

Was sein Stolz war,
ist Mühe gewesen und Elend,

denn es fährt schnell dahin,
als flögen wir davon.

Lehre uns unsre Tage zählen,
daß wir ein weises Herz gewinnen.

Ja, Herr, unser Gott, sei uns freundlich
und fördere das Werk unsrer Hände.

Ja, das Werk unsrer Hände
wollest du fördern.

Du bist wie ein Schatten über mir

Ich hebe meine Augen auf zu den Bergen.
Woher kommt mir Hilfe?

Meine Hilfe kommt von dir,
der Himmel und Erde gemacht hat.

Du wirst meinen Fuß nicht gleiten lassen,
du wachst über mir und behütest mich.

Du, Gott, behütest mich.
Du bist wie ein Schatten über mir

bei Tage, im Licht der Sonne,
und nachts, im Schein des Mondes.

Du behütest mich vor allem Übel,
du behütest meine Seele, mein Gott.

Behüte meinen Ausgang und Eingang
von nun an bis in Ewigkeit.

Wende nun unser Schicksal

Als du den Gefangenen
die Freiheit gabst,

als du uns Glück schenktest, Gott,
da waren wir wie die Träumenden.

Da war unser Mund voll Lachen
und unsere Stimme voll Jubel.

Da sagten wir zueinander:
Gott hat Großes an uns getan.

Ja, du hast Großes an uns getan,
und wir waren fröhlich und dankten dir.

Wende nun, Gott, unser Schicksal aufs neue.
Du gibst den Bächen in der Wüste Wasser,

in der Trockenheit läßt du regnen.
Gib nun auch uns Leben aus dir.

Die mit Tränen säen,
werden mit Freuden ernten.

Sie gehen hin und weinen
und streuen ihren Samen

und kommen mit Freuden
und bringen ihre Garben.

Das Abschiedslied des Simeon

Nun magst du, o Gott,
deinen Diener in Frieden entlassen.

Was du versprochen hast,
ist erfüllt.

Meine Augen sahen ihn,
der das Licht ist, Christus,

den du in die Welt sandtest
zum Heil aller Menschen.

Ich liege und schlafe in Frieden

Du hast deinen Engel gesandt

Wer im Schutz des Höchsten wohnt,
wer im Schatten des Allmächtigen ruht,
darf zu ihm sagen:

Meine Zuflucht, meine Burg,
mein Gott, dem ich vertraue.

Denn du errettest mich
aus Gefahr und Verderben.

Du bist mir nahe von allen Seiten,
du breitest über mich deine Güte,

wie ein Vogel seine Schwingen
über seine Jungen breitet.

Ich ängste mich nicht
vor dem Grauen, das in der Nacht umgeht,

vor dem Pfeil, der am Tage fliegt,
vor der Pest, die im Finstern schleicht,

oder der Seuche,
die in der Mittagshitze wütet.

Ich habe dich als meine Schutzwehr
und fliehe zu dir wie in eine Burg.

Kein Unheil wird mir begegnen,
und kein Elend umstellt mein Haus.

Du hast deine Engel gesandt,
mich zu behüten auf allen meinen Wegen,

auf Händen tragen sie mich, und mein Fuß
wird nicht an einen Stein stoßen.

Über Löwen und Ottern gehe ich unverletzt,
Löwen und Drachen schaden mir nicht.

Du hast gesagt: »Wer sich auf mich verläßt,
dem will ich helfen.

Wer zu mir spricht,
den will ich schützen.

Wer zu mir ruft,
den will ich hören.

Ich bin bei ihm in der Not
und reiße ihn heraus.

Ich sättige ihn mit langem Leben
und lasse ihn mein Heil schauen.«

Behüte mich wie deinen Augapfel

Laß über mir leuchten,
o Gott, das Licht deiner Gegenwart.

Behüte mich
wie einen Augapfel im Auge.

Ich liege und schlafe
ganz mit Frieden,

denn du allein hilfst mir,
in Sicherheit zu wohnen.

Das Licht deines Antlitzes
laß mich schauen.

Wenn ich aber erwache,
will ich satt werden an deinem Bild.

Ich will das Morgenrot wecken

Mein Herz ist getröstet, Gott,
ich will singen und spielen.

Wach auf, meine Seele, wach auf!
Wacht auf, Leier und Harfe!

Aus dem Dunkel der Nacht
will ich das Morgenrot wecken.

Ich will dir danken, o Gott,
will dir spielen unter den Menschen.

Denn deine Güte reicht,
soweit der Himmel ist,

und deine Treue,
soweit die Wolken gehen.

So gib uns dein Licht an diesem Tag
und sei uns nahe mit deiner Wahrheit.

Ich werde nicht sterben, sondern leben

Christus ist auferstanden

Christus ist auferstanden vom Tode,
ihm nach werden wir auferstehen.

Das bezeugen wir.
Das ist die Wahrheit.

Christus ist auferstanden,
mit ihm werden wir leben.

Er wird sein Reich aufrichten
und dem Tod ein Ende setzen.

Am Ende wird er das Reich
dir, dem Vater, übergeben,

und du, Gott,
wirst alles in allem sein.

Wie aber soll das geschehen?
Wie werden die Toten auferstehen?

In welcherlei Leib werden sie erscheinen?
Ich denke deinem Geheimnis nach.

Nicht, was ich säe, wird zur Frucht.
Es muß erst sterben.

Was ich säe, ist nicht, was ich ernte.
Gott erweckt dem Korn eine neue Gestalt.

Unendlich reich ist die Fülle
der Erscheinungen in dieser Welt.

Menschen haben einen anderen Leib
als die Tiere,
Vögel einen anderen als die Fische.

Die Himmlischen erscheinen anders
als die Irdischen.

Der Glanz der Sonne
ist nicht der Glanz des Mondes,

und kein Stern leuchtet
mit dem gleichen Licht wie der andere.

So ahne ich die Auferstehung der Toten:

Was in die Erde fällt, ist verweslich,
was aufersteht, ist unverweslich.

Niedriges wird gesät,
Herrliches wird auferstehen.

Armselig wird es gesät,
in Kraft wird es leben.

Ein natürlicher Leib wird zu Erde,
ein geistlicher Leib wird sich erheben.

Wir tragen hier das Bild
des irdischen Menschen

und werden dann das Bild
des himmlischen tragen.

Denn das Vergangene
muß dem Künftigen weichen.

Wenn aber das geschieht,
dann wird das Wort erfüllt:

Der Tod ist verschlungen vom Sieg.
Tod, wo ist dein Sieg?
Tod, wo ist dein Stachel?

Gott aber sei Dank,
der uns den Sieg gibt

durch Jesus Christus,
unseren Herrn!

Dein Reich schaue ich

Ich sehe das Ziel

Stärkt die müden Hände,
spricht Gott.

Sagt den verzagten Herzen:
Fürchtet euch nicht!

Seht, da ist Gott!
Er kommt und wird helfen.

Dann gehen die Augen des Blinden auf,
und die Ohren des Tauben öffnen sich.

Der Lahme springt wie ein Hirsch,
und die Zunge des Stummen preist Gott.

Wasser brechen auf in der Wüste
und Ströme im dürren Land.

Freuen werden sich die Verlassenen,
glücklich sein die Verzagten.

Denn ihr werdet einen Weg sehen,
eine Straße wird sich vor euch auftun.

Befreit von Drohung und Angst
werdet ihr wandern.

Ein Ziel wird vor euch erscheinen:
die heilige Stadt.

Wie die Sonne über euch leuchtet,
wird die Freude über euch glänzen.

Das Glück wird Gast sein in eurem Haus
und Fröhlichkeit bei euch einkehren.

Und ferne, wie ein Flüchtling,
der sich in der Erde verbirgt,

wird das Seufzen sein,
denn ich bin es, der euch nahe ist.

Blick in die Zukunft

Die ihr den Frieden sucht,
schaut, was kommen wird! spricht Gott.

Denn seht, da kommt er,
der den Frieden bringt,

der Gerechte, der Bringer des Heils.
Ohne Macht erscheint er.

Auf einem Esel reitet er,
auf dem Füllen der Eselin.

Er wird die Waffen entfernen
aus eurer Mitte, Kriegswagen und Rosse.

Die Bogen der Krieger wird er zerbrechen
und Frieden schaffen auf der Erde.

Er wird die Gefangenen befreien
aus ihrem Kerker

und euch zusammenführen
in der künftigen Stadt des Friedens.

Heute sage ich es an:
Er kommt, der den Frieden bringt.

Wir werden frei sein

Wir preisen dich, Geist aus Gott!
Du erfüllst uns.

Wir aber wissen,
daß wir Gottes Kinder sind.

Leite uns, treibe uns,
bewege uns, Töchter und Söhne Gottes.

Denn nicht der Geist der Furcht
ist uns bestimmt, sondern der Kindschaft.

Sind wir Kinder, so sind wir Erben
deiner himmlischen Herrlichkeit.

So nehmen wir leicht
die Leiden dieser Zeit.

Mit uns aber wird alle Kreatur
frei werden von der Vergänglichkeit.

Denn auch die Schöpfung klagt mit uns
und sehnt sich,

dich will sie empfangen,
lebendiger Geist. Hoffnung und Trost.

Ja, Freiheit steht ihr bevor,
Freiheit der Kinder Gottes.

Denn alle Geschöpfe seufzen
und sehnen sich nach Erlösung.

Auch wir sehnen uns wie sie
und warten auf dein Heil in Geduld.

Denn Gott hat uns bestimmt
zur Gemeinschaft des Lebens in ihm

und hat uns eine neue Gestalt,
das Bild seines Sohnes, zugedacht.

Und am Ende wird Christus der Älteste sein
unter vielen Geschwistern.

Schwerter zu Pflugscharen

Am Ende der Tage wird es geschehen:

Gott wird Gerechtigkeit schaffen
zwischen den Völkern.

Er wird Recht aufrichten,
wo die Mächtigen herrschen.

Sie werden ihre Schwerter
umschmieden zu Pflugscharen

und ihre Lanzen
zu Winzermessern.

Kein Volk wird wider das andere
das Schwert erheben.

Niemand wird mehr lernen,
wie man Krieg führt.

Jeder wird ruhen
unter seinem Weinstock,

unbedroht von Gewalt.
Gottes Mund hat es geredet.

Und du, Bethlehem!
du bist klein unter den Städten Judas.

Aber aus dir soll der kommen,
der den Weg zum Frieden zeigt,

den uralten Weg, den Gott ebnete
seit den Tagen der Urzeit.

Christgeburt

Das Volk, das im Finstern wandert,
sieht ein großes Licht,

über dem dunklen Lande
der Angst scheint es hell.

Denn uns ist ein Kind geboren,
ein Sohn ist uns gegeben.

Er wird sein Reich aufrichten,
und des Friedens wird kein Ende sein.

Auf Recht und Gerechtigkeit
ist es gegründet.

Darum mache dich auf,
werde Licht, denn dein Licht kommt.

Der Lichtglanz kommenden Friedens
geht über dir auf.

Denn Finsternis bedeckt das Erdreich
und Dunkel die Völker.

Aber über dir ist Licht,
das Licht dessen, der kommt.

Ein neuer Himmel, eine neue Erde

Ich schaute, schreibt Johannes,
der Seher von Patmos:

Ich schaute einen neuen Himmel
und eine neue Erde.

Der vorige Himmel und die vorige Erde
waren vergangen, Erde und Meer.

Ich sah, wie die Stadt des Friedens,
das neue Jerusalem, sich herabsenkte,

wie der Friede sich ausbreitete
in unserer Welt.

Schön war die Erde wie eine Braut,
die ihrem Manne entgegengeht.

Von Gott her hörte ich
eine mächtige Stimme:

Sieh her! Hier wohnt Gott
bei den Menschen.

Er wird bei ihnen bleiben,
und sie werden ihm nahe sein.

Er wird alle Tränen abwischen
von ihren Augen.

Kein Tod wird mehr sein,
kein Leid, kein Geschrei, kein Schmerz.

Denn was war,
ist vergangen.

Schaut auf, spricht Gott:
Ich mache alles neu.

Komm und segne mich

Ich möchte stehen wie ein Baum

Gesegnet ist der Mensch,
der sich auf Gott verläßt.

Der ist wie ein Baum,
am Wasser gepflanzt,

der seine Wurzeln
zum Bach hinstreckt.

In der Hitze fürchtet er sich nicht,
und seine Blätter bleiben grün.

Er sorgt sich nicht im dürren Jahr,
sondern bringt Früchte allezeit.

Gib uns ein fröhliches Herz

Wir danken dir,
du Gott des Alls,

du tust große Dinge
an allen Enden.

Aus dir leben wir
vom Leibe unserer Mutter an.

Du tust uns alles Gute,
fülle uns nun mit deiner Gnade.

Gib uns ein fröhliches Herz
und Frieden zu unserer Zeit.

Von allem Bösen erlöse uns
jetzt und in Ewigkeit.

Segensworte des Gottesknechts

Wort von Gott:

Fürchte dich nicht.
Ich befreie dich.
Ich rufe dich bei deinem Namen,
du bist mein.

Wenn du durch Wasser gehst,
bin ich bei dir,
inmitten von Strömen
halte ich dich fest.

Wenn du durch Feuer gehst,
wirst du nicht brennen,
und die Flamme
wird dich nicht versengen.

Ich bin der Herr, dein Gott;
ich mache das Meer still,
wenn seine Wellen brausen,
und schütze dich.

Ich zeige dir einen Weg
auf dem Grunde des Meeres:

den Weg der Befreiten,
die erlöst sind von Angst.

Freude gebe ich dir
im Aufbruch,
auf dem Weg aber
Geleit im Frieden.

Der Segen Aarons

Gott,
der Ursprung
und Vollender aller Dinge,

segne dich,
gebe dir Glück und Gedeihen
und Frucht deiner Mühe,

und behüte dich,
sei dir Schutz in Gefahr
und Zuflucht in Angst.

Er lasse leuchten sein Angesicht über dir,
wie die Sonne die Erde wärmt
und Freude gibt dem Lebendigen,

und sei dir gnädig.
Er löse dich von allem Bösen
und mache dich frei.

Er sehe dich freundlich an,
er sehe dein Leid,
er heile und tröste dich.

Er gebe dir Frieden,
das Wohl des Leibes
und das Heil der Seele.

Amen.
Gott will es.
Gott selbst.

So steht es fest
nach seinem Willen
für dich.

Christus in uns

Ich bitte von Herzen
Gott, unseren Vater,

daß er euch Kraft gebe
aus dem Reichtum seiner Kraft,

daß ihr stark werdet
durch den Geist am inneren Menschen,

daß ihr durch den Glauben
Christus Raum schafft in eurem Herzen

und festen Grund gewinnt
in der Liebe, die euch erfüllt

und mit der Gott euch umfängt
jetzt und in Ewigkeit.

Der Friede Gottes

Freut euch in Gott allezeit,
und noch einmal sage ich:
Freut euch!

Laßt eure Güte ausstrahlen
zu allen Menschen.
Christus ist nahe.

Sorget nichts,
bittet Gott um alles,
was euch fehlt, und dankt ihm.

Und der Friede Gottes,
der höher ist als alle Vernunft,
bewahre eure Herzen und Sinne
in Christus Jesus.

Nachwort

Vor mehr als zwanzig Jahren brachte ich ein Buch heraus, das Psalmen der Bibel enthielt und sich dem Wortlaut der Bibel eng anschloß.

Inzwischen hat sich die Sprache unserer Gottesdienste weiterentwickelt. Manche Wendungen in den Liedern der Bibel sind uns heute fremder noch als damals, wenn nicht gar unverständlich geworden, neben anderen, die uns keine Mühe bereiten. Und so habe ich hier manche Psalmen in den überkommenen Worten wiedergegeben, andere in behutsamer Neuformulierung, wieder andere in freier Nachdichtung.

Sie sind dem Einzelnen zugedacht, der in den Psalmen und anderen wichtigen Liedern der Bibel lesen will, aber vor allem auch der gottesdienstlichen Gemeinde, in der mehr und mehr das Psalmgebet Raum gefunden hat.

Sie sind darum so gesetzt, daß sie im Wechsel zwischen einem Einzelnen und der Gemeinde gesprochen werden können, abschnittweise in Einheiten von zwei bis vier Zeilen.

Wer Psalmen liest, wird sie langsam sprechen. Sie oder er wird sich zwischen den Abschnitten Zeit lassen, um zu atmen, und wird das einzelne Lied oder Gebet schließen mit Worten wie:

Ehre sei dem Vater und dem Sohn
und dem Heiligen Geiste,
wie es war im Anfang, jetzt und immerdar
und von Ewigkeit zu Ewigkeit. Amen.

Oder:
Ehre sei dir, Christus.

Oder:
Von dir, durch dich, zu dir
sind alle Dinge. Dir sei Ehre in Ewigkeit.
Amen.

Wer einen Psalm neu formulieren möchte, hat dazu alle Freiheit. Wir leben zwei- oder gar dreitausend Jahre nach den Dichtern der Psalmen, und immer wird eine solche Dichtung nur der Ausgangspunkt sein für das Lied, das wir selbst formulieren. Bei einigen Psalmen habe ich das versucht, und vielleicht hat der Leser Freude daran, für sich selbst eine dritte Fassung zu formulieren.

Denn es geht nicht um das Nachsprechen alter Texte, sondern um das lebendige Gebet und den eigenen inneren Menschen, der seine Sprache finden soll und sein Gegenüber: den dreieinigen Gott.

Inhaltsübersicht

Bibelstellenverzeichnis

Aus den genannten Bibeltexten wurden häufig nur einzelne Verse ausgewählt.